STOP
au harcèlement !

Du même auteur

Marion, 13 ans pour toujours, Calmann-Lévy, 2015

Nora FRAISSE
avec la collaboration de Jacqueline Remy

STOP au harcèlement !

Le guide pour combattre les violences à l'école et sur les réseaux sociaux

calmann-lévy

Un ouvrage publié sous la direction
de Clarisse Cohen.

Conception graphique de la couverture :
Nicolas Trautmann

ISBN 978-2-7021-5872-2

À Marion,
Clarisse, Baptiste et David.

Préface

Il faut dire stop au harcèlement scolaire ! Chuchotez-le, murmurez-le, criez-le, répétez-le comme je le fais : « Stop au harcèlement ! », à l'école et sur Internet.

Ne croyez pas que vous n'y pouvez rien, que vous n'êtes pas concerné, que c'est trop compliqué. Tous ensemble et chacun d'entre nous pouvons faire cesser le drame que vivent des centaines de milliers d'élèves chaque année en France : un enfant sur dix est victime de harcèlement scolaire, c'est trop, beaucoup trop. Trop de souffrance, trop de bêtise, trop d'absurdité, ça ne peut plus durer !

Et nous y pouvons tous quelque chose. Vous surtout, oui, *vous*, enfant, ado, adulte, victime, témoin de harcèlement, vous pouvez dire stop !

Dire stop, cela paraît difficile, c'est vrai, quand on hésite à reconnaître un cas de harcèlement, quand on ne sait pas comment réagir, quand on ignore à qui s'adresser, quand le silence de tous protège les harceleurs passés, présents et à venir.

Pour arriver à dire stop, il suffit parfois de courage, d'amitié, de compassion, d'autorité, ou de bon sens. Mais il faut aussi un minimum d'informations. J'ai écrit ce guide pour vous aider à comprendre la mécanique du harcèlement, à l'identifier et, j'espère, à agir. Car il est temps de passer des mots aux actes : il faut barrer la route au harcèlement scolaire.

Qui suis-je pour vous interpeller ainsi ? Il me faut vous raconter mon histoire pour que vous compreniez ma tristesse et ma colère à l'idée que le harcèlement continue à prospérer dans les établissements scolaires français.

Ma fille aînée, Marion, s'est suicidée à 13 ans, le 13 février 2013, en se pendant à un foulard, dans sa chambre. Sous son lit en hauteur, on a trouvé son téléphone portable, attaché au bout d'un fil, pendu lui aussi pour couper symboliquement la parole à ceux qui, au collège, la harcelaient à coups d'insultes et de menaces. Elle a laissé une lettre d'adieu, adressée à ces « camarades » de classe qu'elle avait voulu fuir, hélas, définitivement.

J'ai essayé de comprendre l'incompréhensible, de démêler les nœuds de son histoire. Je me suis heurtée à bien des silences. Elle-même, comme beaucoup d'élèves harcelés, m'avait confié qu'on la traitait d'intello au collège, mais elle s'est tue quand c'est devenu grave.

Mon mari et moi, bien sûr, nous nous sommes fait des reproches. Puis nous avons fini par saisir quelle somme de dysfonctionnements, de négligences, de malveillance et d'aveuglement avait conduit Marion à suspendre sa vie.

Et j'ai découvert que notre fille n'était pas la seule, loin de là. J'ai écrit son histoire pour lui rendre hommage mais surtout pour que chacun tire les leçons de sa mort, de la souffrance de tous ceux qui, comme elle, n'ont pas su comment échapper au piège du harcèlement entre pairs.

J'ai mesuré à quel point ces victimes étaient seules face aux silences de tous, à quel point il pouvait être tentant pour des responsables scolaires de minimiser leur souffrance et de se replier dans le déni et l'esprit de corps pour sauver la réputation de leur maison.

J'ai appris aussi que la France était l'un des pays longtemps restés les plus inertes face à ces violences qui détruisent à petit feu les enfants dans nos écoles, nos collèges et nos lycées. Malgré le réveil récent des pouvoirs publics, à peine un quart des établissements scolaires ont mis en place une politique de prévention, deux ans après la loi de refondation de l'école qui l'impose depuis 2013.

Marion, 13 ans pour toujours... J'avais écrit ce livre pour qu'on prenne au sérieux le phénomène du harcèlement scolaire. Et, pour continuer ce combat, j'ai créé une association, « Marion Fraisse La main tendue ». Très vite, j'ai été submergée par une quantité d'appels à l'aide et de témoignages bouleversants. Des adolescents qui se reconnaissaient, des adultes dont les souvenirs ressurgissaient, des familles désemparées face aux violences à l'école et sur les réseaux sociaux.

Des inconnus s'appropriaient l'histoire de Marion, j'en étais si touchée. Charlotte, élève de troisième, a reçu le premier prix au concours de son académie, avec un poème dédié à Marion ! Stéphane Darel lui a écrit une chanson. Dany, jeune danseur suisse, a créé un court ballet en son honneur. D'autres comme Lionel D., montent des vidéos. Manon, étudiante à Sciences Po, consacre son mémoire au harcèlement scolaire, à partir notamment de l'histoire de notre fille.

L'association Marion Fraisse La main tendue a lancé le 16 mars 2015 une pétition réclamant un numéro court d'aide aux victimes, disponible 7 jours sur 7, de 9 heures à minuit ; un guide de lutte contre le harcèlement inséré dans le carnet de liaison de l'élève à chaque rentrée ; des moyens humains ; des formations sur ce sujet pour les équipes pédagogiques. En trois mois, la pétition a recueilli plus de 78 000 signatures.

Tous soutiennent notre combat contre le harcèlement scolaire, sa banalisation, ses méfaits. Certains expriment leur détresse, leur sentiment d'injustice. Mais la plupart demandent surtout des clés, des conseils, et parfois, d'urgence, de l'aide.

Les mêmes questions reviennent encore et encore : « C'est quoi, le harcèlement ? Comment le détecter ? Comment le prévenir ? Comment y faire face ? Que puis-je faire pour aider mon enfant à sortir de l'engrenage infernal de la souffrance à l'école, qui se mue en phobie scolaire, en décrochage, en perte d'estime de soi ? »

J'ai écrit ce guide pour répondre à vos interrogations d'élève, de parent, d'animateur, d'enseignant, d'encadrant, et contribuer, je l'espère, à déminer et à résoudre les problèmes de harcèlement, à dissuader leurs auteurs, à aider concrètement leurs victimes et leur entourage.

Un jour, le harcèlement scolaire sera considéré comme une pratique ringarde et barbare, et le respect d'autrui comme un art.

Demain ? Peut-être, si tous ensemble nous disons : « Stop au harcèlement ! »

– 1 –

Le harcèlement scolaire, c'est quoi ?

Insultes, humiliations, mises à l'écart, rumeurs, coups… Le harcèlement en milieu scolaire se définit comme une violence répétée, qui peut être verbale, physique ou psychologique. C'est un rapport de domination imposé de façon insistante, par un ou plusieurs agresseurs en position de force, à un autre élève qui n'a pas les ressources personnelles nécessaires pour se défendre.

Cette violence peut prendre notamment la forme de ragots, de menaces, de racket, de sexisme, d'homophobie, de racisme ou de xénophobie : tout est prétexte, le physique, le tempérament, le milieu social, la culture, les origines, le style de vie, les préférences sexuelles…

Peu à peu, la victime du harcèlement se retrouve enfermée dans un piège. Elle est vulnérable. Le harcèlement se poursuit souvent (ou démarre) par SMS ou sur les réseaux sociaux. L'élève visé ne sait pas toujours pourquoi il sert de cible aux autres. Quand il croit comprendre, il finit par douter de lui-même et souffre doublement.

Lorsqu'on grandit, le regard aimant des parents ne suffit plus. On a besoin d'être accepté par les enfants de son âge. Quand on est rejeté, c'est une blessure. Le harcèlement rend malades des centaines de milliers d'élèves dans nos écoles, nos collèges et nos lycées. Autant d'enfants et de jeunes qui, loin de s'épanouir en classe, y sont si malheureux qu'ils ont envie de fuir.

« Il y a près de quarante ans, j'ai été victime de harcèlement au collège où j'étais interne. Pendant un an, j'ai été mis à l'écart par les autres élèves, au dortoir comme à l'étude. On me réveillait en pleine nuit, on me punissait, on passait mes vêtements sous la douche, on détruisait mes affaires dans mon armoire, on menaçait tous ceux qui m'approchaient dans la cour. Crachats, intimidations physiques, encerclement dans les couloirs, on m'a tout fait. Mon crime ? Je posais des questions en cours de dessin et de littérature, matières qui m'intéressaient. On m'a traité de "lèche", je n'osais plus parler en classe. Petit à petit, je me suis retrouvé totalement isolé. Quand je n'en pouvais plus, je me réfugiais à l'infirmerie. Jamais un prof ni un surveillant ne m'a soutenu. J'avais honte, je ne voulais pas effrayer mes parents. Tous les jours, j'ai pensé au suicide, j'ai pensé à buter celui qui avait monté la cabale. Je crois que je ne m'en suis jamais remis. J'ai 56 ans et je n'ai pas oublié[1]. »

Attention !

Les auteurs du harcèlement, en général, ont l'intention de nuire. Parfois, ils prennent du plaisir à faire mal. Mais il arrive qu'ils ne se rendent pas compte des conséquences exactes de ce qu'ils font. Ils croient seulement s'amuser mais leurs actes peuvent détruire ceux qui les subissent.

Ils tirent leur force du silence de leur victime et des témoins qui se taisent pour ne pas avoir d'ennuis ou ricanent sans mesurer qu'il ne s'agit plus d'un jeu mais d'une violence.

Dire stop au harcèlement, c'est secourir l'élève victime et empêcher le harceleur de continuer. C'est

1. Tous les témoignages reproduits dans ce livre sont authentiques et n'ont été modifiés que pour protéger l'anonymat des personnes concernées.

éviter beaucoup de souffrances à l'un comme à l'autre. Car le harceleur aussi pourra éprouver des difficultés par la suite si son agressivité n'est pas freinée.

Ai-je bien compris ?

✓ Tout élève fréquentant un établissement scolaire doit pouvoir y vivre et étudier en paix. Et il a droit à « un environnement favorable à son apprentissage ». Selon la Convention internationale des droits de l'enfant, « tous les enfants du monde sont égaux et doivent être protégés contre la violence, la maltraitance et la discrimination ».

✓ Le silence d'une victime ne signifie pas qu'elle ne souffre pas. Il suffit de se mettre à la place de l'autre pour le comprendre.

✓ L'omerta des autres élèves et le manque de réaction des adultes renforcent le sentiment d'abandon de la victime.

– 2 –

Pourquoi c'est grave ?

C'est grave parce que l'élève victime a du mal à se défendre, si celui qui le harcèle le domine par sa force ou sa popularité, ou si tout un groupe se dresse contre lui et qu'il se sent isolé.

C'est grave parce qu'il n'ose pas se plaindre de peur de représailles ou parce qu'il a honte et se sent coupable. Quand il a le courage d'en parler à des adultes, à l'école, au collège, au lycée, ou en famille, et qu'on ne le prend pas au sérieux, sa souffrance est plus grande encore.

Parfois, on entend les encadrants ou l'entourage dire que ça a toujours existé. C'est vrai. Depuis des temps lointains, les groupes ont traditionnellement tendance à exclure certains des leurs, à les montrer du doigt, à leur faire subir brimades et violences juste parce que ces derniers sont un peu différents ou qu'il faut désigner un ennemi pour se sentir plus fort : les personnes qui en sont victimes sont appelées boucs émissaires.

Aujourd'hui, on sait que ces pratiques sont barbares. Le bizutage, à l'entrée des grandes écoles, est interdit par la loi depuis 1998. Dans les entreprises, le harcèlement est interdit depuis 2002. Dans le couple, il est pénalisé depuis 2014. Dans les établissements scolaires, il est aussi interdit depuis 2014.

> « J'ai vécu sept années de calvaire. Les moqueries ont commencé en CM2, je me disais que ça allait passer. Je croyais que c'était normal à notre âge. Au collège, ça a continué. Les coups et les insultes rythmaient mes journées. Je ne disais rien à Maman, mais je m'effondrais dans ma chambre. Pour le lycée, j'ai choisi un établissement très éloigné de chez moi, qui me valait trois heures de bus quotidiennes. Le harcèlement a recommencé, un acharnement continu à la cantine, dans les couloirs, dans la cour et dans le bus. Je suis devenue une âme perdue, rongée par le chagrin. Je n'avais plus du tout confiance en moi. J'ai loupé mon bac, laissé tomber mes études. Je ne voulais qu'une chose : que ça s'arrête. Dépressive, je me suis lacéré les bras et le ventre. J'ai quitté le lycée il y a trois ans, mais

je ne suis toujours pas guérie, mes blessures sont béantes. Toujours sur la défensive, j'ai peur de faire mes courses seule, j'ai peur de la foule, j'ai peur du regard des gens. Le corps enseignant n'a rien vu. Les élèves ne m'attaquaient que lorsque j'étais seule. »

Attention !

La plupart des élèves ont assisté ou participé, à un moment ou à un autre de leur vie scolaire, à des scènes de harcèlement, sans savoir que faire. Certains adultes hésitent à réagir quand ils sont témoins de harcèlement ou qu'ils en entendent parler, de peur de se tromper ou de dramatiser. Ils croient que ce genre de violences est une étape dans l'apprentissage de la vie, un moment pénible et normal qu'il faut supporter si on veut grandir et s'endurcir.

Mais toutes les formes de harcèlement sont nocives pour la victime, pour leur auteur, et pour ceux qui regardent. De graves troubles, comme la dépression, l'addiction à l'alcool ou à la drogue, le décrochage scolaire, les troubles de l'alimentation comme la boulimie ou l'anorexie, les automutilations et une mauvaise estime de soi, peuvent avoir leur origine dans la participation active ou passive au harcèlement.

Ai-je bien compris ?

✓ Nous sommes tous concernés par ce qui se passe à l'école. Quand le climat se détériore, nous en sommes collectivement responsables si nous n'avons pas réagi.

✓ Un élève victime qui se confie ou se plaint n'est pas un pleurnichard. Au contraire, il fait preuve de courage.

✓ Rapporter, c'est bien, utile, nécessaire, quand il s'agit d'assister un élève en souffrance. Un témoin qui assiste à ces scènes de violences répétées et décide d'en parler à un adulte de son entourage ou de l'établissement n'est pas une balance.

– 3 –

Comment ça commence ?

Cela débute par une moquerie, une dispute, un défi, une bousculade, une agression inattendue : « T'es moche ! » « Tu sers à rien ! » Puis ça se répète. D'abord, la victime n'y prête pas forcément attention. Mais ça recommence, et c'est l'escalade. Le harceleur prend du plaisir à embêter sa victime, et ça se voit. Il veut montrer qu'il est le plus fort. Il est content d'avoir des spectateurs mais se cache des adultes. Il utilise son pouvoir pour blesser, effrayer ou exclure l'autre. La victime ne sait pas comment se défendre et prend peur.

La violence peut être physique : le harceleur frappe sa victime, il la pousse en douce dans le couloir, lui crache dessus, lui fait des croche-pieds, lui bloque le passage, lui déchire un vêtement, la bourre de coups de poing, la blesse.

La violence peut être verbale : le harceleur insulte sa victime, lui donne un surnom, se moque bruyamment de son patronyme ou d'autres particularités, l'humilie publiquement et profère des menaces.

La violence peut être psychologique : le harceleur ignore la victime, la met à l'écart, répand des rumeurs sur son compte, la fâche avec ses amis, l'exclut du groupe, la ridiculise sur les réseaux sociaux.

« Perturbé par des deuils dans ma famille, j'essayais de faire bonne figure, je voulais être comme les autres. Un jour, en troisième, le caïd de la classe m'a lancé : “Tu souris tout le temps pour un rien, t'es un nigaud !” Dans ce sourire, ce gars avait repéré ma fragilité. Ce fut le début de mes ennuis. Je me suis fait transparent, j'arrivais pile à l'heure de la sonnerie le matin, les changements de salles de cours me paraissaient interminables, je passais en dernier à la cantine pour éviter mes harceleurs. Je n'en parlais pas à la maison, je cauchemardais la nuit, je ne savais pas comment affronter leurs agressions quotidiennes, coups de pied et de poing, insultes : “Pédé, on va s'occuper de toi à la sortie, t'es mort.” Oui, ils m'ont dit ça, en faisant le signe de me trancher la gorge. À l'approche du brevet, je suis allé voir le directeur qui a convoqué six élèves.

Les insultes ont redoublé : “Lopette, t’as cafté, on va s’occuper de toi !” J’ai raté mon brevet, mais je suis parti au lycée, je l’ai repassé l’année suivante en candidat libre, et je l’ai décroché. J’ai 38 ans, ces scènes résonnent encore en moi. Je ne supporte pas, dans ma vie d’adulte, les gens qui manipulent les autres et profitent de leurs faiblesses. Là, j’avoue, je vois rouge ! »

Attention !

Le harcèlement n’a rien à voir avec un conflit ordinaire. Il ne surgit pas sur un désaccord normal. Il n’a pas de fondement objectif. Ce n’est pas une mésentente entre pairs, entre égaux. C’est un dérapage organisé, pensé, qui vise juste à faire mal et à nuire.

C’est une stratégie, un projet de destruction orchestré par un élève qui savoure son pouvoir sur plus faible que lui. Dans certains cas, le harceleur prévient sa victime qu’il continuera et que ce sera pire si elle va se plaindre.

Un conflit se résout avec des excuses ou une médiation simple. Dans le cas du harcèlement, il est rare que son auteur reconnaisse ses torts. Souvent, il accuse sa victime et prétend qu'il n'a rien fait de grave.

Ai-je bien compris ?

✓ Le harcèlement débute par une attaque à l'improviste, insulte ou bousculade. Généralement, la victime ne s'attend pas à être prise pour cible et ne comprend pas ce qui lui arrive.

✓ Avoir un désaccord est une chose, harceler en est une autre. L'élève harcelé n'a aucune raison de se laisser faire.

✓ Le harcèlement est un engrenage qui, si on ne l'arrête pas, devient infernal. Tout le monde peut dire stop, la victime, les autres élèves, les responsables éducatifs.

– 4 –

Qui est victime ?

Il n'y a pas de critères pour devenir la cible d'un harcèlement. N'importe qui peut se retrouver visé. Car tout peut servir de prétexte. Quand un élève a besoin de s'en prendre à quelqu'un pour faire le mariole, le plus petit détail peut servir de détonateur.

Les harceleurs ont tendance à chercher la faille, et nous en avons tous. Si, en plus, on est un peu différent de la moyenne des élèves, c'est encore plus facile pour eux d'en jouer : le harcèlement prospère sur le rejet de la différence. Il consiste à stigmatiser, à critiquer, à exagérer les particularités d'une personne.

L'apparence physique : poids, taille, couleur de cheveux. L'identité : patronyme, accent, défauts de langage. L'attitude en classe : bon élève ou à la traîne, apathique ou craintif. L'origine ethnique ou culturelle : religion, couleur de peau, nationalité étrangère. Le milieu social et les goûts : style d'habillement, loisirs, niveau de vie. La fragilité : liée à un handicap, à un problème de santé, à un déménagement, à une difficulté familiale, ou à l'âge.

Parfois, on est visé juste parce qu'on est une fille, c'est du sexisme. Ou parce qu'on est homosexuel, c'est de l'homophobie. Ou parce qu'on est « trop » beau, « trop » gros, « trop » fort en classe. On est toujours « trop » quelque chose aux yeux d'un harceleur.

« Ma fille a été victime de harcèlement scolaire, car elle était bonne élève ! La pire de ses années fut celle du bac. En cours, une élève lui a balancé une trousse sur la figure devant toute la classe. Ma fille a regardé le prof et a osé lui demander : “Mais vous ne dites rien ?” L'enseignante a répliqué : “Je ne sais pas ce qui se passe entre vous.” Dans cette matière, pourtant, elle était première. Ma fille ne voulait plus se rendre en cours, elle pleurait, nous suppliait. C'est dur de voir son enfant pleurer pour ne plus aller au lycée, mais c'était l'année du bac. On l'a soutenue comme on pouvait ; elle ne déjeunait plus à la cantine mais à la maison, en vitesse.

Son papa la prenait au lycée. Sa revanche fut d'avoir son bac S avec mention très bien alors qu'elle était la plus jeune, et d'être reçue à toutes les écoles d'infirmières où elle a postulé. Elle a choisi la plus éloignée. »

Attention !

À l'école primaire, l'enfant victime risque de se replier sur lui-même et de s'isoler. Il lui arrive aussi de réagir en devenant agressif avec les autres.

Au collège et au lycée, l'élève veut généralement essayer de régler son problème lui-même. Il ne tient pas à inquiéter ses parents et craint des représailles de la part de ses harceleurs. Il se force à minimiser, à se tenir à l'écart, et garde le silence.

Parfois, il tente de pactiser avec ses harceleurs. Bon élève, il change de camp et ses notes chutent. Ou il se défend par l'agressivité. Son comportement peut faire croire aux adultes qu'il n'est pas une victime innocente. En adoptant cette tactique, il aggrave son mal-être sans recevoir l'aide dont il a besoin.

Ai-je bien compris ?

✓ L'élève harcelé commence toujours par se sentir coupable. Il s'interroge : « Qu'est-ce que j'ai fait pour mériter ça ? » La réponse est : « Rien. »

✓ Les harceleurs utilisent n'importe quel prétexte. La victime n'est pas en faute. Elle n'a pas à se prendre la tête pour comprendre ceux qui l'attaquent ni à les justifier. Elle n'a pas à se sentir diminuée par le traitement qu'on lui inflige. Ce qui importe ? Dire à ses agresseurs d'arrêter et, s'ils persistent, parler aux adultes.

✓ Il ne sert à rien de chercher à se faire bien voir de ses agresseurs. Leurs motivations ne sont pas rationnelles.

–5–

Qui est harceleur ?

N'importe qui peut devenir harceleur. Il n'y a pas de profil type. Le harcèlement est un comportement, pas un trait de caractère. L'élève agresseur se lance dans le harcèlement parce qu'il y trouve des avantages.

Il veut qu'on l'admire en provoquant les rires ou le soutien des autres. Il cherche à se donner de l'importance, à frimer, à impressionner les élèves pour se sentir plus fort et marquer son territoire. Il aime dominer les autres, les contrôler, quitte à en être craint et à faire peur. C'est sa façon à lui de se rendre populaire.

Il aime le pouvoir sans avoir forcément le courage d'affronter les autres ou d'avoir des désaccords dont on peut discuter. En général, il s'en prend au premier venu, aux proies les plus faciles, aux élèves qui, parce qu'ils sont timides, vulnérables, enviés, ou nouveaux, par exemple, ne sont pas très entourés.

Sa victime est un objet pour lui. Loin d'avoir de l'empathie à son égard, il la donne en spectacle aux autres élèves, en particulier à ses supporters qu'il est satisfait d'influencer ou de manipuler. En humiliant sa proie, en la forçant à s'incliner devant son pouvoir, il veut prouver qu'il est bien le chef.

« On s'est connues en sixième. Elle, la fille par excellence, et moi, le garçon manqué. Nous voulions toutes les deux être la première de classe. Chloé[1] était bien meilleure que moi, de très loin. Je la trouvais sympa mais petit à petit, j'ai commencé à la jalouser… la jalousie appelant la colère avant de finir par la haine, en quatrième. Un jour, après la cantine, j'ai appris que nous devions rendre un devoir d'allemand. Je ne l'avais pas noté, ni fait. J'allais avoir un zéro, ma mère risquait de me punir. Je suis allée voir Chloé avec une bande de copines, et j'ai exigé qu'elle me donne son devoir, faute de quoi, à la prochaine récré, son nez allait saigner ! Elle me l'a donné, je l'ai recopié puis j'ai jeté l'original. Qu'elle ait zéro, pour une fois, que sa moyenne en prenne un coup !

1. Le prénom a été modifié.

J'étais le leader de la classe, j'en ai rallié les trois quarts à ma cause. Chloé n'était qu'une intello à lunettes. Nous, on était cool, on écoutait de la musique à fond dans nos baladeurs. Elle était seule dans le bus, à la récré, en cours, à la cantine. J'ai senti que cela devenait pesant pour elle, mais on n'imaginait pas à quel point, nous étions de sales gamins ! Les profs ne faisaient rien pour nous arrêter. En gym, elle était nulle. Quand elle se plantait, on applaudissait. Jusqu'au jour où elle a quitté le cours en larmes. Sa mère l'a questionnée, puis elle a appelé la mienne. J'ai nié, puis j'ai dû lui téléphoner pour m'excuser et trouver une solution pour réparer. J'ai réfléchi, compris. J'ai décidé d'écrire une lettre et de la lire devant tous les élèves de ma classe, reconnaissant que cet acharnement venait de ma jalousie. Elle m'a pardonnée, je ne sais pas comment elle a fait. J'ai honte quand j'y pense. »

Attention !

Le harceleur s'imagine parfois qu'il s'agit d'un simple jeu, tout en sachant qu'il fait mal. Mais sa priorité, c'est d'être reconnu comme le plus fort, le plus populaire, le plus drôle.

Sa soif de domination est souvent un aveu de faiblesse, sinon il ne choisirait pas des élèves plus vulnérables que lui. Il a une mauvaise image de lui-même et du mal à gérer ses relations avec les autres, hors des rapports de forces. À ce moment de sa vie, il croit n'avoir les moyens de s'attirer l'estime des autres qu'en humiliant un plus faible.

Lui-même supporte difficilement les règles, les contraintes, les limites et l'autorité des adultes dont il arrive qu'il manque.

Ai-je bien compris ?

✓ L'élève harceleur résout ses problèmes personnels en s'en prenant à moins fort que lui. Il ne sait pas s'arrêter quand il cède à ses pulsions. Il la ramène pour exister dans le regard des autres.

✓ Parfois, c'est quelqu'un qui, comme l'élève victime, n'a pas confiance en lui et souffre d'angoisses.

✓ La démarcation entre la victime et l'agresseur se brouille parfois. Certains élèves harcelés en arrivent à devenir harceleurs pour échapper à leur rôle perpétuel de souffre-douleur.

– 6 –

Les témoins sont-ils complices ?

Les scènes de harcèlement se déroulent la plupart du temps hors de la vue des adultes. Les élèves témoins jouent donc un rôle essentiel. Leurs rires ou leurs silences sont des encouragements pour le harceleur. C'est un phénomène de groupe. Sans spectateur, le harcèlement cesse ou son impact diminue. L'élève témoin a le choix entre trois postures : dénoncer le harcèlement auprès des adultes, porter secours à la victime, ou garder le silence.

Dans la majorité des cas, les élèves témoins sont tentés de ne pas prendre parti. La plupart ne veulent pas être complices mais ils hésitent à protester, de peur de voir l'agresseur se retourner contre eux. Ils rient un peu, se taisent, fuient, et évitent la proximité de la victime.

Autre attitude possible, l'élève témoin participe au harcèlement plus ou moins consciemment en s'en amusant ou en racontant les scènes à d'autres, non sans fascination à l'égard du harceleur. Il finit par se convaincre que la victime y est pour quelque chose, « elle l'a cherché ».

Enfin, parfois, l'élève témoin participe activement au harcèlement ou en inaugure un nouveau sur un autre élève. Le plaisir de se défouler sur quelqu'un peut être contagieux. Tant que personne ne bouge.

Dans tous les cas, le témoin est « complice », qu'il soit actif ou passif. Et cela vaut aussi pour le personnel encadrant et tous les enseignants quand ils détournent la tête au lieu de s'interposer.

« Mon fils s'était beaucoup renfermé et je remercie l'un de ses amis venu me prévenir, un jour à la sortie : "B. ne va pas bien en ce moment…" Grâce à cette alerte, nous avons parlé. On lui abîmait ses affaires, on le volait, on l'avait surnommé l'intello, il était la risée de certains. Il ne voulait pas que j'agisse. Je l'ai fait pour son bien. Au début, il refusait de donner des noms de peur des représailles. J'ai tant insisté qu'il a lâché. Les surveillants ont pris les choses en main. Ils ont gardé à l'œil les harceleurs et les ont cadrés. Cette année, il est dans une classe où tous veulent bosser. Ses agresseurs ont redoublé ou quitté l'école. La vie est plus belle. »

Attention !

Une seule solution si l'on ne veut pas être complice d'un harcèlement dont on est témoin : éviter de rire, s'interposer sans violence, dénoncer ces comportements auprès d'un adulte, parent ou responsable scolaire.

Quand un témoin brise le silence, il permet à la victime de chercher du soutien et au harceleur de prendre conscience de la gravité de ses actes. Il met les adultes devant leurs responsabilités, à eux d'intervenir pour que le harcèlement cesse.

Dénoncer un harcèlement, ce n'est pas de la délation, car il ne s'agit pas de vouloir porter préjudice (au harceleur), mais secours (à la victime). Aider une victime sans défense, c'est un acte civique.

Ai-je bien compris ?

✓ Souvent, les élèves témoins hésitent à s'indigner, pensant que le harcèlement va s'essouffler, ou que c'est à la victime de protester. Ils se trompent.

✓ Les élèves témoins sont les mieux placés pour dire stop au harcèlement. En laissant faire, ils encouragent le harceleur et en sont donc complices. En réagissant, ils contraignent le harceleur à s'arrêter, faute de spectateurs.

✓ Les élèves témoins, comme la victime, sont en droit d'attendre des adultes qu'ils les protègent. Mais ils peuvent aussi être actifs, par exemple en allant s'asseoir à côté d'un enfant toujours seul à la cantine.

– 7 –

Comment détecter un cas de harcèlement ?

Les enfants croient souvent devoir se débrouiller seuls. Leurs parents sont généralement les derniers informés. Tout changement de comportement brusque ou inédit doit les alerter. Il peut indiquer que l'enfant est victime de harcèlement.

Un élève qui, soudain, n'a plus envie d'aller en classe, ou qui traîne les pieds, n'est pas un tire-au-flanc. Son mal-être peut prendre plusieurs formes : il se lève péniblement le matin, demande à rester à la maison, rechigne à prendre l'autobus scolaire, arrive en retard à l'école, réclame de l'argent. Ses notes dégringolent, il « décroche », sèche les cours quand il est en âge de le faire.

À la maison, l'air absent, soucieux, il dort mal, ne tient pas à voir ses copains. La nourriture le dégoûte ou il se gave. Il fuit les cours de sport et tous les lieux où il risque de rencontrer d'autres élèves. Personne ne veut l'intégrer ni aux fêtes ni au travail de groupe. Migraines, maux de ventre, il somatise. Son corps présente des bleus, des coupures. Quand on lui pose des questions sur la classe, il élude. S'il évoque le cas d'un élève harcelé, peut-être est-ce une façon détournée de parler de lui.

Certains signes peuvent aussi trahir un enfant enfermé dans un rôle de harceleur : l'usage fréquent d'injures dévalorisantes, des vantardises perpétuelles, des provocations, le refus de se plier à la règle, une tendance à passer du temps avec des enfants plus jeunes et moins forts.

« Je suis maman d'un petit garçon de 3 ans qui se fait harceler à la maternelle. Je l'ai découvert par hasard en passant devant la grille de la cour de récréation. Deux garçons plus grands que lui l'avaient immobilisé sur le sol et lui assénaient des coups répétés sur la tête. Aucun adulte ne s'apercevait de rien. J'ai été obligée d'intervenir moi-même pour mettre fin à ce carnage et j'ai récupéré mon fils suffoquant et en pleurs. Je suis allée demander des explications aux enseignants qui "faisaient la garde". Ils discutaient ensemble au fond de la cour, assez loin de la scène de l'agression. Une enseignante m'a demandé gentiment de quitter les lieux, en déclarant qu'il y avait autre chose à faire que discuter de ce qui venait de se passer. Le directeur, plutôt conciliant, m'a dit qu'il s'agissait d'un cas exceptionnel. Mais j'ai rencontré trois mamans dont les enfants étaient victimes de défauts de surveillance depuis plusieurs années dans cette école. Le fils de l'une d'elles s'était échappé plusieurs fois de l'école sans que la maîtresse s'en rende compte. Je ne veux pas passer pour une mère hyperprotectrice mais je ne sais que faire. »

Attention !

N'importe quel parent, encadrant ou enfant peut se poser des questions quand il entend dire d'un élève qu'il est souvent au centre des disputes ou qu'il fait des histoires. Cet élève est peut-être harcelé. Ou harceleur.

Un enfant qui s'enferme trop fréquemment dans les toilettes de l'école cherche peut-être à se réfugier. C'est aussi un lieu où se produisent des actes de violence à l'abri des adultes. À surveiller.

Un élève perpétuellement isolé à la cantine ou au CDI ne choisit généralement pas d'être seul. Il y est souvent contraint par d'autres, qui le tiennent à l'écart ou l'ont mis en quarantaine.

La perte récurrente de matériel scolaire ou les rires qui saluent systématiquement la prise de parole d'un élève sont parfois le symptôme d'un harcèlement.

Ai-je bien compris ?

✓ Quand un enfant dit de ses camarades qu'ils sont tous nuls ou débiles, et qu'il n'a pas de copain, c'est peut-être le signe qu'il est victime de harcèlement.

✓ Un élève a du mal à confier qu'il est victime. Il a peur, honte, se sent anormal et fautif. Il a tendance à penser que personne ne peut l'aider.

✓ Un changement brusque d'attitude ne signifie pas forcément qu'il est victime de harcèlement. Mais c'est un signe qui doit inciter à parler avec lui.

–8–

Comment aider une victime ?

Tout le monde peut tendre la main à une victime de harcèlement, chacun à sa façon, selon la position dans laquelle on se trouve. Un élève victime a besoin d'être réconforté, qu'on lui témoigne de l'amitié, de la compréhension et de l'estime. Mais il a surtout besoin que le harcèlement cesse.

On a tendance à croire que l'élève victime peut régler son problème lui-même. C'est faux, sauf exception. Le rapport de forces est trop inégal pour que le harcelé puisse retourner seul la situation. Le harceleur qui ne voit personne s'opposer à ses violences prend cette passivité pour un feu vert et minimise.

Dès que les attaques se concentrent régulièrement sur le même élève, on peut prendre à témoin le délégué de classe et ses camarades de l'injustice de la situation. Si les moqueries, les insultes, ou les violences se répètent, c'est du harcèlement, il faut s'interposer. Si ça ne marche pas ou si on a peur, il faut prévenir un surveillant, un enseignant, le CPE, l'animateur, l'infirmière, ou ses propres parents.

Il faut prendre au sérieux les confidences d'un élève victime ou témoin, car s'il se décide à parler, c'est que la situation est suffisamment grave pour qu'on y mette fin avec autorité.

« Je me souviens du réveil que je mettais dès 3 heures du matin juste pour être soulagée au moment de la sonnerie de voir que non, il n'était pas encore 7 heures. De mes nausées, de mes larmes pour ne pas aller en classe. De ma mère qui voulait des noms, de mon refus parce que "ce sera pire". Des menaces dans les vestiaires, des punaises dans ma trousse, de la chaise qui recule quand je m'assieds, du silence dès qu'un prof m'interroge, des murmures amusés dès que je marmonne une réponse, des "Allez, bon week-end, pense au suicide, que notre semaine à tous commence bien lundi !". Un matin, en descendant du bus, j'ai tourné les talons, je me suis retrouvée chez ma marraine. Ma mère a filé chez le principal avec les noms qu'elle m'avait arrachés. Le principal l'a dissuadée de porter plainte. Il a étouffé l'affaire. À mon retour en classe, on m'a traitée d'affabulatrice. On m'emprunte un stylo : “Tu ne vas pas porter plainte, j'espère ? Je t'ai adressé la parole, ne le prends pas mal, hein !” Phobie scolaire, troubles alimentaires, automutilations… Je m'en suis sortie grâce à mon mari, rencontré en classe de seconde. »

Attention !

Les adultes hésitent parfois à intervenir de peur de dramatiser. Il ne s'agit pas de dramatiser. Mais de vérifier si un élève souffre ou non, de le soutenir, et de voir avec lui comment on peut résoudre son problème.

Le pire serait de convoquer les harceleurs, de les sermonner cinq minutes et de renvoyer tout le monde en classe. L'enfant victime et les dénonciateurs du harcèlement doivent être protégés d'éventuelles représailles. La vigilance s'impose.

Un élève victime à qui le chef d'établissement conseille de changer d'école sous prétexte de le mettre à l'abri de ses agresseurs subit une double peine. Il doit supporter les inconvénients d'un changement d'établissement, plus loin, moins pratique, peuplé d'inconnus, et il croit comprendre que, dans l'histoire, c'est lui le fautif.

Ai-je bien compris ?

✓ Ce n'est pas à la victime de changer d'école mais au harceleur d'être sanctionné car lui seul est en faute.

✓ L'impuissance des adultes à résoudre un cas de harcèlement est un mauvais signe pour les élèves qui ne savent plus où sont les limites de ce qui est permis ou interdit. L'enfant victime, comme le témoin, doit savoir qu'il peut compter sur les adultes.

✓ La victime a besoin qu'on l'aide à se convaincre que les motifs du harcèlement ne sont pas à chercher dans son comportement mais dans la tête du harceleur.

–9–

Contrer le cyber-harcèlement

Le harcèlement scolaire ne s'arrête pas toujours aux portes de l'école, du collège ou du lycée. Il se poursuit (ou parfois débute) sur les réseaux sociaux et par téléphone. Selon un rapport de l'Unicef, un adolescent sur huit a déjà été victime de persécution en ligne. En cas de cyber-harcèlement, il faut réagir vite. Plusieurs mesures sont à prendre.

Grâce à des captures d'écran, garder des traces des insultes ou menaces reçues par l'enfant, qui permettront de remonter jusqu'à leurs auteurs. Demander les relevés d'appels entrants à l'opérateur de téléphonie, sauvegarder les SMS, les e-mails et toute photo ou vidéo prise à son insu et diffusée.

Changer de numéro de téléphone, d'adresse e-mail, et modifier en urgence ses mots de passe. L'élève victime doit suspendre ses comptes Facebook,

Twitter, Instagram, Snapchat… Qu'il se rassure : rien ne lui interdira de les réactiver une fois son problème réglé.

Si des données personnelles, photos, vidéos ou textes, sont publiées en ligne pour nuire à un élève ou le harceler, on peut en demander le retrait auprès des responsables des sites qui les diffusent. En conserver des copies.

Si les harceleurs ne sont pas anonymes et s'ils sont connus de l'enfant, contacter leurs parents pour les informer de la situation. Prévenir la direction de l'établissement scolaire si le cyber-harcèlement est la suite d'un harcèlement dans les murs de l'école ou à la sortie.

« Des photos de mon ventre et de mon corps ont été publiées sur Internet, je faisais cent kilos. De la sixième à la troisième, j'ai été harcelée. J'ai fini par ne plus aller au collège, de peur de continuer de me faire insulter, frapper et photographier. J'ai fait plusieurs tentatives de suicide. La lutte contre le harcèlement scolaire est une cause que j'aimerais défendre, pour que personne ne se sente rejeté, pour que personne n'ait envie de se suicider parce que des élèves se comportent de façon irresponsable. Je ne supporte pas l'idée que des jeunes filles puissent vivre le même enfer que moi. »

Attention !

La persécution par Internet et par téléphone est devenue l'une des armes des harceleurs. Certains n'hésitent pas à pirater des comptes, à usurper une identité sur Facebook, à propager des rumeurs mensongères. Parfois, il s'agit d'insultes anodines mais, répercutées à l'ensemble du réseau, incessantes à toute heure du jour et de la nuit, elles font l'effet d'un coup de massue à répétition pour celui qui en est victime.

Le téléphone, portable ou « smartphone », utilisé comme une mitraillette à SMS moqueurs ou agressifs, peut perturber gravement les nuits d'un élève et, le jour, l'empêcher de se concentrer sur ses études et de se détendre pendant ses loisirs. Sa santé et son équilibre peuvent être mis en danger.

Beaucoup de jeunes s'abstiennent de déclarer le cyber-harcèlement dont ils sont victimes de peur de se voir confisquer leur appareil, ce qui les isolerait davantage encore de leur réseau social.

Ai-je bien compris ?

✓ Le harcèlement en ligne ou par téléphone décuple la souffrance d'un élève victime, qui se sent piégé. Difficile pour lui de se soustraire à des agresseurs qui ne lui laissent plus une minute de repos !

✓ Être humilié devant tout un réseau social est peu supportable. La victime finit par croire que le monde entier pense du mal d'elle.

✓ Les photos ou les vidéos ridiculisant un enfant ou le mettant en scène alors qu'il est victime de harcèlement peuvent servir de pièces à conviction en cas de plainte. Car filmer et diffuser des actes de violence est une infraction qui peut être punie de 5 ans de prison et de 75 000 euros d'amende.

– 10 –

Éduquer au téléphone portable et aux réseaux sociaux

Le harcèlement se nourrit de spectateurs. Le téléphone et Internet en fournissent mille fois plus que les couloirs de l'école. Un enfant qui reçoit un téléphone mobile ou s'initie au Web doit être préparé à ce risque parmi d'autres. Quand un élève (ou un groupe d'élèves) en poursuit un autre sur les réseaux sociaux ou en renvoyant ses SMS à tout son répertoire, il multiplie sa force de frappe. Il est donc très tenté d'y recourir, d'autant que là, sa proie peut difficilement lui échapper.

Pour éduquer son enfant, on peut l'informer des risques mais aussi de ses responsabilités lorsqu'il se sert d'un téléphone ou d'un ordinateur pour communiquer. On peut même lui faire signer une sorte de contrat de « bon usage » de ce nouvel outil[1].

1. Voir p. 85.

Lui recommander de ne pas donner son numéro de mobile à n'importe qui, même dans la cour de récréation.

Lui faire comprendre qu'il ne doit rien dire ou faire, avec son téléphone ou sur Internet, qu'il ne dirait pas à voix haute devant ses parents. C'est une question de savoir-vivre et, pour lui, une façon de se protéger.

Placer l'ordinateur dans un espace de vie commun, pas dans la chambre des enfants. Jusqu'à un certain âge, exiger qu'ils demandent la permission pour se connecter.

Bloquer à la maison les connexions WiFi, avec un code, pour éviter l'utilisation d'Internet via le smartphone.

Instituer des règles : par exemple, remise du téléphone aux parents à 19 h 30 en semaine et à 21 heures le samedi. Le téléphone est un outil, pas un appendice du corps.

« Bonjour, j'ai 12 ans et j'ai été victime de cyber-harcèlement pendant un mois. Mes trois meilleures amies viennent me voir : “Faut que t'arrêtes de mytho, ça se fait pas ce que t'as fait...” Une quatrième disait que je racontais des choses sur elle. Sur Snapchat, j'ai trouvé une dizaine de messages audio où elles me traitaient de “connasse, débile, bolosse”, etc. Des doigts d’honneur sur vidéo, aussi, en disant qu’il fallait que j’arrête de mentir. J’étais dévastée. Le dimanche soir, à l’idée de retourner au collège, j’ai vomi. Je suis restée chez moi une semaine, je me suis fait vomir toute seule, jusqu’à quinze fois par jour. M. m’a demandé sur Snapchat pourquoi je n’étais pas au collège, puis elle m’a dit que je ne servais à rien sur terre, que je créais juste des problèmes. Je me suis mise à me détester. J’ai reçu des messages d’insultes. Elles se moquaient de mon physique. J’ai dû retourner au collège, je m’enfermais dans les toilettes pendant toutes les récréations. Elles me bousculaient. J’ai commencé à me frapper la tête contre les murs, et à me taper sur le corps avec des objets. Sur Internet, ça empirait. “Tu nous fais pitié.” Elles ont fait tourner un « #jetehaisaurelie[1] ! ». Dans la cour, elles se mettaient en cercle à une dizaine et me poussaient comme un ballon. Mon frère a prévenu mes parents, qui m’ont fait changer de collège. »

1. Le prénom a été modifié.

Attention !

L'écran ne rend pas invisible. Même sous un pseudo, « surfer » sur le Web laisse des traces : l'adresse IP, l'historique de navigation, les mots clés saisis dans le moteur de recherche.

Aider l'enfant à comprendre que ce qu'il publie sur Internet reste pour très longtemps en mémoire. Il vaut mieux y réfléchir avant de délirer sur son clavier ou de poster une photo ou une vidéo de soi.

L'enfant doit percevoir que ce qu'il poste est public, il en est coresponsable avec ses parents devant la justice.

Avant de publier une photo de camarades ou d'enseignants, l'élève doit demander leur autorisation ou celle de leurs parents, s'ils sont mineurs.

Sans être personnellement victime, on peut signaler un contenu interdit par la loi auprès de la police et de la gendarmerie, sur le téléservice Pharos[1].

1. Depuis 2009, cette plateforme permet à tout internaute de signaler un contenu qui lui paraît illicite : https://www.internet-signalement.gouv.fr.

Ai-je bien compris ?

✓ Les enfants ont tendance à accorder une importance démesurée à ce qui se dit sur Internet et par téléphone. On peut les initier au plaisir de communiquer verbalement, face à face, ce qui les aidera à relativiser l'intérêt des réseaux sociaux et des textos.

✓ Plus tôt l'enfant apprend que le cyber-harcèlement existe et qu'il peut lutter contre, mieux il sera capable de s'en protéger et d'en minimiser les effets sur lui-même.

✓ Prévenir ses enfants qu'envoyer ou recevoir des photos de soi ou des autres dénudés peut l'exposer à de graves problèmes tout de suite et dans l'avenir.

–11–

Comment prévenir le harcèlement ?

La prévention du harcèlement passe par une éducation de l'enfant, une prise de conscience des parents mais surtout par une politique active des responsables scolaires, sur toute l'échelle de la hiérarchie, de l'école au ministère.

En famille, on peut encourager l'enfant à trouver des parades pour le cas où il serait harcelé et à ne pas se laisser enfermer dans le rôle de victime. Lui donner des clés pour réagir : aller voir un adulte, dire à l'agresseur d'arrêter, l'ignorer ostensiblement, trouver quelqu'un pour jouer.

L'enfant a besoin qu'il soit dit explicitement, à la maison comme à l'école, qu'il n'est pas normal ni acceptable de harceler un élève ou d'assister sans réagir à des scènes de harcèlement. Victime ou témoin, chacun doit savoir qu'il est assez fort pour protester, car il sera soutenu.

Aux chefs d'établissement d'organiser des plans de prévention sur ce thème et de sensibiliser les personnels encadrants et les enseignants aux dégâts causés, parfois pour longtemps, par le harcèlement. Dans certains pays, le tutorat est encouragé : un enfant est parrainé par un grand. Un système de médiation peut être mis en place. Des élèves sensibilisés au sujet sont chargés de jouer les juges de paix en cas de harcèlement. C'est l'occasion de valoriser des actions citoyennes d'apprentissage de la bienveillance et du respect.

Aux adultes de réagir avec fermeté et doigté, en prenant soin de ne pas figer les rôles. Harceleurs et victimes ne le sont pas à vie.

« Je suis conseiller principal d'éducation. Je m'efforce de faire en sorte que les élèves puissent venir à l'école en toute quiétude. L'école doit être un lieu où on se construit, où l'on apprend à devenir un homme, une femme, un citoyen, une citoyenne, où l'on apprend à vivre ensemble et à respecter les autres. L'action que nous menons permet de poser des mots sur les maux. Les langues se délient. Nous informons les élèves qu'en cas de problème, il y a des gens à leur écoute.

Nous sensibilisons le corps enseignant, l'équipe éducative, mais aussi les familles sans qui le travail ne serait pas possible. Cette prévention est indispensable. Beaucoup d'enfants n'ont pas le sentiment de nuire. Ils prennent ainsi conscience du mal qu'ils font. Nous avons créé un maillot "Prévenir le harcèlement scolaire, jouons dans la même équipe". Beaucoup de personnalités de la ville l'ont porté. Je suis convaincu qu'en diffusant ce message autour de nous, nous arriverons à diminuer le nombre d'actes malveillants. »

Attention !

Tout groupe humain produit de la violence et des rapports de forces, à l'école comme ailleurs. Il ne s'agit pas d'éradiquer les pulsions nocives mais de les canaliser, d'en sanctionner les débordements, et d'éduquer les élèves pour qu'ils sachent se contrôler ou s'en défendre.

Il n'y a pas de solution magique. Mais si l'école manifeste un réel désir de soutenir un élève victime, de l'aider à s'en sortir, de montrer clairement à tous qu'elle n'a aucune complaisance pour ce type de pratique, de faire cesser le harcèlement, et de punir son auteur, elle dissuade les récidives.

Qu'il s'agisse de régler un cas individuel ou de mettre en place une campagne antiharcèlement, les responsables scolaires sont plus efficaces quand ils agissent en concertation avec les parents. Ces derniers ont la possibilité de saisir leurs associations qui, elles aussi, peuvent jouer un rôle de médiation : les parents d'un élève victime et ceux d'un élève harceleur ne sont pas des ennemis mais des partenaires. Leur intérêt commun est de ramener la paix.

Ai-je bien compris ?

✓ Dans un établissement, tous les adultes, même s'ils ne sont pas officiellement chargés de la discipline, doivent se sentir responsables face à des signes de harcèlement. Leur indifférence est un encouragement pour les harceleurs potentiels.

✓ Si aucune politique antiharcèlement n'est mise en place à l'école de leur enfant, les associations de parents peuvent faire pression pour qu'il y en ait une.

✓ La meilleure prévention serait de convaincre tous les élèves que le plus ridicule n'est pas le harcelé mais le harceleur. Se croire fort parce qu'on s'en prend à plus faible que soi, c'est nul ! Démodons le harcèlement.

– 12 –

Qui contacter ?

Les premiers adultes à contacter sont les parents et les responsables de l'établissement scolaire, l'instituteur pour les écoles maternelles ou primaires et, au collège et au lycée, les conseillers principaux d'éducation (CPE). On peut aussi parler du problème avec le délégué des élèves, le professeur principal, les associations de parents délégués. Tout le monde est concerné.

Quelle que soit la personne alertée, elle doit informer le chef d'établissement, responsable quoi qu'il arrive, et, s'il en existe, l'adulte référent chargé de traiter les cas de harcèlement. Celui-ci est censé consulter son équipe ressources, constituée souvent d'un psychologue scolaire, de l'infirmière, d'un enseignant, d'un représentant des parents, du CPE, et de l'assistant chargé de prévention et de sécurité (APS) quand il y en a un.

Le chef d'établissement, le directeur d'école ou le référent accueille la victime, qui peut aussi expliquer par écrit ce qu'elle a vécu, et s'engage à la protéger. Les témoins sont reçus séparément, incités à proposer des solutions. L'élève auteur est convoqué. On lui explique qu'un élève se plaint de harcèlement, sans préciser qui ni comment. Il est informé des sanctions qu'il encourt. On lui demande de proposer une réparation. S'ils sont plusieurs auteurs, ils sont reçus séparément.

Les parents de la victime et du harceleur sont systématiquement reçus par la direction de l'établissement, qui peut aussi rencontrer les parents des témoins dont l'attitude ultérieure facilitera éventuellement le retour à un climat sain.

« Je suis maman d'un élève de 14 ans, bon élève et beau garçon. On a découvert un jour de décembre que notre fils était harcelé, quand il a craqué à la cantine. Il s'était fait insulter, une fois de plus, et il a piqué une crise de nerfs devant tous les élèves. Il a été pris en charge par un surveillant, qui l'a conduit à l'infirmerie. Là, tout est sorti : quatre mois qu'il était harcelé par quatre camarades de classe. "Sale juif, sale gay, je suis Hitler 2, je vais t'exterminer"… et j'en passe.

L'infirmière a immédiatement prévenu l'administration. À 15 heures, le collège a appelé mon mari. Nous tombions des nues. Notre chance, c'est qu'il ait craqué ! L'assistante sociale nous a reçus dans les jours qui ont suivi, pour nous dire que nous avions le droit de porter plainte. Au vu des réactions sensées des parents des harceleurs, que mon fils avait dénoncés, nous nous sommes abstenus. À l'issue du conseil de discipline, l'un a été exclu trois jours, le deuxième un jour, le troisième a eu un devoir sur l'antisémitisme à faire, et le quatrième un devoir sur le non-dit. Ils ont dit qu'ils faisaient ça "pour rigoler". L'assistante sociale leur a montré un film sur le harcèlement, ils ont fondu en larmes et en excuses. »

Attention !

Si l'école tarde à réagir ou choisit une solution qui paraît inadéquate, l'élève harcelé, les témoins, ou leurs parents peuvent appeler le numéro vert mis en place par le ministère de l'Éducation nationale. Des éducateurs d'Île-de-France et des experts de l'association L'école des parents écoutent, conseillent, et peuvent établir un contact avec l'un des « référents harcèlement » chargés dans chaque académie des actions de prévention. Numéro Stop harcèlement : 0808 807 010 (appel téléphonique confidentiel et gratuit depuis un poste fixe ou un portable, ouvert du lundi au vendredi de 9 heures à 18 heures, sauf jours fériés et vacances scolaires de fin d'année et d'été). Voir aussi le site www.agircontreleharcelementalecole.gouv.fr.

On peut aussi alerter l'un des médiateurs de l'Éducation nationale ou un inspecteur d'académie. Les élèves victimes ou témoins de violences physiques et verbales, de racket, de menaces ou de chantage ont deux numéros gratuits à leur disposition, où ils recevront anonymement conseils et informations adaptés à leur situation : Jeunes Violence Écoute, 0808 807 700 (appel téléphonique gratuit depuis un poste fixe ou un portable, 7 jours sur 7, sauf jours fériés, de 10 heures à 22 heures), ou le 119 (Service national d'accueil téléphonique de l'Enfance en danger, numéro joignable 24 heures sur 24, 7 jours sur 7, gratuit et confidentiel, qui n'apparaît pas sur les factures détaillées).

En cas de cyber-harcèlement, on peut appeler le numéro vert Net Écoute, géré par e-Enfance. Cette association vous vient en aide pour le retrait d'images ou de propos blessants, ou la fermeture éventuelle de comptes. Anonymat et confidentialité respectée. Net Écoute : 0 800 200 200 (appel téléphonique gratuit du lundi au vendredi, de 9 heures à 19 heures), ou http://www.netecoute.fr/ pour discuter en direct avec un conseiller ou être rappelé.

Pour signaler un contenu Internet illicite : http://www.pointdecontact.net.

Ai-je bien compris ?

✓ Si la situation se dégrade, on peut insister pour qu'il soit fait appel aux équipes mobiles de sécurité académiques. Constituées de personnels de l'Éducation nationale et de spécialistes de la sécurité recrutés avec l'aide du ministère de l'Intérieur, ces équipes sont formées pour intervenir en milieu scolaire et améliorer la prise en charge des élèves dont les conduites sont problématiques.

✓ Il est important d'obtenir un accompagnement et un suivi, pour vérifier que le harcèlement a bien pris fin. Un soutien psychologique doit être proposé aux élèves en cause. Ne pas hésiter à contacter un psychologue ou un pédopsychiatre dans le cadre des centres médico-psychologiques (CMP) ou des Maisons de l'adolescent (une par département).

✓ Le harcèlement est contraire aux valeurs promues par le service public scolaire censé veiller à « l'inclusion scolaire de tous les enfants, sans aucune distinction ».

– 13 –

Quels recours juridiques ?

Le harcèlement scolaire est interdit par la loi, sous toutes ses formes. Il est reconnu comme un délit en soi depuis la création d'un nouvel article 222-33-2 du Code pénal.

Sa définition officielle ? Il y a harcèlement scolaire lorsqu'un élève a des propos ou des comportements répétés vis-à-vis d'un autre élève ayant pour but ou pour effet une dégradation de ses conditions de vie. Ils se traduisent par une altération de la santé physique ou mentale de la victime.

Les actes concernés peuvent être des brimades, des humiliations, des coups, des insultes répétées. Ils sont punissables, qu'ils aient été commis au sein ou en dehors de l'établissement. Si la victime a moins de 15 ans, si elle est notoirement malade ou handicapée, si elle a manqué plus de huit jours de classe pour une incapacité due à son agresseur, ou si le harcèlement a été commis via Internet, des circonstances aggravantes seront retenues.

La loi punit également, spécifiquement et plus lourdement, les violences physiques ou psychologiques entraînant une incapacité, les menaces de mort et les incitations au suicide.

Les moins de 13 ans ne peuvent aller en prison ni payer une amende. Pour les autres, les peines varient de 6 mois à 18 mois de prison, et l'amende peut monter jusqu'à 7 500 euros.

Quel que soit l'âge de l'auteur du harcèlement, ses parents sont responsables civilement de ses actes. Ce sont eux qui devront assumer les dommages-intérêts, indemnisation versée aux parents de la victime.

« En décembre 2012, une fin d'après-midi, j'entends un drôle de bruit à l'étage. Je rentre dans la chambre de mon fils, et je le trouve en larmes, ses ceintures de judo à la main. Il me dit qu'il n'en peut plus et qu'il veut se pendre car sa vie au collège est un enfer. Mon fils a été suivi par un psy, mais le traumatisme ne s'effacera jamais. De décembre à juin, malgré mes appels à l'administration du collège, rien ou presque n'a changé. À la rentrée suivante, je l'ai inscrit dans un établissement où il a enfin trouvé la paix. Je n'avais qu'une idée en tête, sortir mon fils de là, qu'il retrouve le sourire, et toute mon énergie y passait. Mais aujourd'hui, je regrette de ne pas avoir porté plainte. J'ajoute que je suis enseignante. Parfois, en fin d'année, j'apprends des épisodes douloureux. Il faut savoir que les élèves parlent rarement. »

Attention !

L'élève victime peut porter plainte, de son propre chef, contre celui ou ceux qui le harcèlent.

S'il est persécuté de façon anonyme sur les réseaux sociaux ou par téléphone et qu'il ne peut prouver l'identité de ses harceleurs, il peut porter plainte contre X. La justice a les moyens d'identifier les auteurs des contenus en cause.

Même s'il est mineur, un élève victime a le droit de se présenter seul au commissariat de son quartier ou à la gendarmerie la plus proche pour signaler les faits.

En revanche, il ne peut pas se constituer partie civile en vue de demander des dommages-intérêts.

Cette démarche-là est réservée à ses parents, qui doivent le faire en son nom.

Ai-je bien compris ?

✓ Tout membre du personnel éducatif qui a connaissance de faits de harcèlement doit avertir sans délai le procureur. Tous les renseignements concernant ce qui s'est passé doivent être transmis à ce dernier.

✓ Un enseignant, un surveillant, ou le chef d'établissement peuvent être poursuivis devant un tribunal pénal. Ils risquent une amende, voire une peine de prison, par exemple pour non-assistance à personne en danger, si la justice estime qu'ils auraient pu empêcher des violences contre un élève qui n'a rien fait.

✓ Une plainte déposée par un élève ou ses parents ne doit pas suspendre le traitement éducatif du cas de harcèlement dont il a été victime. Au contraire. L'établissement doit gérer le problème sans attendre l'issue d'une procédure.

– 14 –

Savez-vous que ?

… La peur des agressions expliquerait 25 % de l'absentéisme des collégiens et des lycéens.

… Selon une étude en 2011 de l'Unicef et de l'Observatoire international de la violence à l'école, auprès des élèves du CE2 au CM2, 11,7 % des enfants se déclarent victimes de violences verbales et physiques répétées, soit 123 000 élèves.

… Selon l'Éducation nationale (entre 2011 et 2013), 10 % des collégiens sont victimes de harcèlement, soit 233 000 élèves. Un élève sur vingt a été victime de cyber-harcèlement.

… Au lycée, selon les statistiques de la Délégation ministérielle de prévention et de lutte contre les violences en milieu scolaire, le phénomène du harcèlement diminue, et toucherait 3,4 % des élèves, soit 73 000 lycéens.

… Les applications diffusant rumeurs et ragots anonymes font des ravages sur la Toile. Elles sont aussi destructrices que des snipers. À chaque scandale, leurs créateurs annoncent qu'ils vont multiplier le nombre de leurs modérateurs ou ferment tandis que d'autres naissent sous d'autres titres, vantant les délices de la délation désinhibée. Attention, danger !

… La recherche internationale a montré que les politiques globales d'amélioration du climat scolaire sont le meilleur moyen pour réduire le phénomène de harcèlement en milieu scolaire.

… L'association Marion Fraisse La main tendue réclame la création immédiate d'un numéro court d'aide aux victimes, gratuit et disponible 7 jours sur 7, de 9 heures à minuit.

… La première campagne contre le harcèlement scolaire en France date de 2011 seulement, alors que la Norvège s'y est attelée en 1983 !

… Au Royaume-Uni, une Journée de la lutte contre le harcèlement est organisée chaque année dans les établissements scolaires.

… Au Canada, deux lycéens hétérosexuels, choqués par l'homophobie dont était victime un élève gay, ont lancé la Journée rose internationale de lutte contre toute forme de discrimination (« Day of Pink ») : la prochaine aura lieu le 13 avril 2016.

... En Finlande, depuis 2009, une équipe d'intervention composée de trois adultes et d'un professeur de la classe intervient dès qu'un cas de harcèlement est signalé (programme KiVa). Des élèves de la classe sont engagés à soutenir la victime, sur la base du volontariat.

... Un psychologue suédois, Anatol Pikas, a initié dans les années 70 une méthode d'intervention, en cas de harcèlement, fondée sur des entretiens entre un adulte et les intimidateurs, pour les amener à formuler eux-mêmes une solution...

... En France, un conseiller principal d'éducation, Bertrand Gardette, et un professeur de philosophie, Jean-Pierre Bellon, ont eu l'idée de monter deux « brigades antiharcèlement », l'une avec des élèves volontaires, l'autre avec des adultes de l'établissement chargés de régler les cas de harcèlement selon la méthode Pikas (voir ci-dessus).

... La préfecture de police de Paris a mis en ligne trois vidéos destinées aux adolescents sur « Les dangers de l'Internet », l'une d'elles est consacrée au cyber-harcèlement. À voir sur www.netpublic.fr.

… Le « happy slapping », qui consiste à photographier ou à filmer une victime lors d'une agression physique puis à la diffuser sur les réseaux sociaux, des plateformes de vidéos ou des téléphones portables, est interdit par l'article 227-33-3 du Code pénal, et passible de 5 ans de prison et 75 000 euros d'amende.

Sources et sites Internet

Plate-forme mise en ligne par les pouvoirs publics : http://www.agircontreleharcelementalecole.gouv.fr

Documentation pour guider dans les démarches pour contrer un cyber-harcèlement dont on est victime : http://www.cnil.fr/vos-libertes/plainte-en-ligne

Sur service-public.fr : http://vosdroits.service-public.fr/particuliers/F31985.xhtml

Éduscol (portail national des professionnels de l'éducation) : http://eduscol.education.fr/cid55921/le-harcelement-scolaire.html

Fondation Jasmin Roy, au Québec : http://www.fondationjasminroy.com

Site de l'APHEE (Association pour la prévention de phénomènes de harcèlement), pour la promotion d'initiatives visant à prévenir les phénomènes de harcèlement et de brimades entre élèves : http://www.harcelement-entre-eleves.com

France médiation (réseau d'acteurs de la médiation sociale) : http://www.francemediation.fr

OIVE (Observatoire international de la violence à l'école) : http://www.ijvs.org

www.internet-sans-crainte.fr (protéger et informer sur les risques de l'Internet pour les mineurs)

Ateliers de sensibilisation aux réseaux sociaux : http://www.citoyen.kids-ok.com

Application pour protéger les enfants du cyber-harcèlement : https://www.kids-ok.com

Sites anglo-saxons de lutte contre le harcèlement à l'école : http://diana-award.org.uk et http://www.anti-bullyingpro.com

À lire

Gaël Aymon, *Ma réputation*, Actes Sud junior, 2013.

Jean-Pierre Bellon et Bertrand Gardette, *Harcèlement et Cyber-harcèlement à l'école : une souffrance scolaire 2.0*, ESF, 2014.

Jean-Pierre Bellon et Bertrand Gardette, *Harcèlement et Brimades entre élèves. La face cachée de la violence scolaire*, Fabert, 2010.

Hubert Ben Kemoun, *La Fille seule dans le vestiaire des garçons*, Flammarion, 2013.

Nicole Catheline et Véronique Bedin, *Harcèlements à l'école*, Albin Michel, 2008.

Jonathan Destin, *Condamné à me tuer*, XO, 2013.

Nora Fraisse, *Marion, 13 ans pour toujours,* Calmann-Lévy, 2015.

Noemya Grohan, *De la rage dans mon cartable*, Hachette, 2014.

Yoshitoki Oima, *A Silent Voice*, manga traduit par Géraldine Oudin, Ki-oon, 2015.

Contacts utiles

Service d'aide aux victimes
0808 807 010 (numéro d'appel national)
Pour être écouté, conseillé, éventuellement mis en relation avec le « référent harcèlement » de l'académie dont on dépend. De 9 heures à 18 heures du lundi au vendredi, de janvier à décembre avec un temps de fermeture du 15 juillet au 17 août inclus et du 23 décembre au 6 janvier inclus (16 décembre – 21 janvier inclus pour Mayotte et La Réunion).

Le 119 ou http://www.allo119.gouv.fr
Numéro confidentiel, le 119 est joignable tous les jours de l'année, à toute heure, même la nuit. Cinquante écoutants, professionnels de l'enfance, se relaient pour répondre aux appels. Les appels au 119 n'apparaissent sur aucun relevé, ni sur les factures détaillées.

Net Écoute
0 808 807 700
Appel téléphonique gratuit du lundi au vendredi, de 9 heures à 19 heures, ou http://www.netecoute.fr, pour discuter avec un conseiller.

Net Écoute, en cas de cyber-harcèlement
0800 200 000
Numéro vert national : gratuit, anonyme, confidentiel et ouvert du lundi au vendredi de 9 heures à 19 heures.

Association Marion Fraisse La main tendue
Page Facebook « Association Marion La main tendue » : https://www.facebook.com/pages/association-marion-la-main-tendue/497244357082981.

Association Noélanie
http://www.violencescolaire.fr.

Organisation arrêt demandé international
http://oadi.education.

Association SOS Benjamin
http://www.jeuxdangereux.fr.

Téléservice Pharos
https://www.internet-signalement.gouv.fr.
Cette plateforme permet à tout internaute de signaler un contenu qui lui paraît illicite.

CONTACTS UTILES

Aide psychologique et accompagnement :

– Maison de Solenn : http://www.mda.aphp.fr.

– Association nationale Maisons des adolescents : http://www.anmda.fr.

– Centres médico-psycho-pédagogiques : http://www.fdcmpp.fr.

Contrat pour un usage responsable du téléphone portable

Quand on offre à un enfant son premier mobile, on peut poser des conditions, si possible avec humour. Pourquoi ne pas lui faire signer ce contrat ou s'en inspirer pour, ensemble, fixer des règles ?

1. Nous t'offrons ce téléphone, pour que tu puisses communiquer avec tes amis, et même avec nous, tes parents. Mais tu dois t'engager à respecter quelques règles et, s'il te plaît, signer ce contrat.

2. Nous saurons toujours quel est ton mot de passe.

3. Si ça sonne, tu répondras poliment. N'ignore jamais un appel qui affiche « Maman » ou « Papa », jamais.

4. Remets ton téléphone à l'un de tes parents à 19 h 30 les soirs d'école et à 21 heures les autres soirs.

5. Tu dois être capable de parler en personne aux gens avec qui tu échanges des SMS. Ne dis rien par texto que tu ne dirais pas en face.

6. Dans un lieu public, éteins ton téléphone ou mets-le en mode silencieux.

7. N'envoie pas ou ne reçois pas d'images de ton corps nu ou de celui des autres. Ne pense pas que ce n'est pas grave, même si tu as envie de rire. Ces images peuvent te poursuivre toute ta vie, et la gâcher. Le cyberespace est plus fort que toi.

8. Ce que tu vis dans ta vraie vie est plus important que ce que tu filmes ou prends en photo. Ta mémoire est plus précieuse et moins dangereuse que celle du cyberespace.

9. Le téléphone ne fait pas partie de ton corps. Laisse-le à la maison de temps en temps pour te prouver que tu es indépendant et que tu peux t'en passer, sans avoir peur de louper quelque chose.

10. Si tu commets une erreur, nous t'enlèverons ton téléphone. Nous en parlerons. Puis tu le retrouveras. Nous sommes ensemble dans cette aventure car nous t'aimons et sommes responsables de toi.

Date :

Signature :

Remerciements

Je tiens à remercier tout d'abord mes amies et éditrices Clarisse Cohen et Florence Sultan qui, en décidant de publier ce guide, à un prix très modique pour que chacun puisse l'acquérir, contribuent activement à la lutte contre les violences scolaires, le harcèlement à l'école et les cyber-violences.

Ce guide, comme *Marion, 13 ans pour toujours*, est également le fruit d'une belle amitié et collaboration avec Jacqueline Remy, qui a su m'aider à le construire afin qu'il soit à la hauteur des enjeux.

Merci également à tous les membres du personnel de Calmann-Lévy qui chaque jour, par leur travail, à tous les niveaux de la chaîne de création, de production et de distribution de cet ouvrage, ont œuvré pour dire « stop au harcèlement ! ».

Enfin merci à vous, lectrices, lecteurs de *Marion, 13 ans pour toujours*, amis de l'association, enfants, adolescents, adultes, qui permettez grâce à vos bouleversants témoignages de lutter activement contre ce fléau des préaux.

Le combat continue. Tous concernés, tous mobilisés pour dire « stop au harcèlement ! ».

Table des matières

Préface 9

1. Le harcèlement scolaire, c'est quoi ? 15
2. Pourquoi c'est grave ? 19
3. Comment ça commence ? 23
4. Qui est victime ? 27
5. Qui est harceleur ? 31
6. Les témoins sont-ils complices ? 35
7. Comment détecter un cas de harcèlement ? 39
8. Comment aider une victime ? 43
9. Contrer le cyber-harcèlement 47
10. Éduquer au téléphone portable et aux réseaux sociaux 51
11. Comment prévenir le harcèlement ? 57
12. Qui contacter ? 63
13. Quels recours juridiques ? 69
14. Savez-vous que ? 73

Sources et sites Internet 77
À lire 79
Contacts utiles 81
Contrat pour un usage responsable
du téléphone portable 85
Remerciements 87

Photocomposition Nord Compo
Achevé d'imprimer en août 2015
par Laballery
pour le compte des éditions Calmann-Lévy
31, rue de Fleurus 75006 Paris

PAPIER À BASE DE FIBRES CERTIFIÉES

calmann-lévy s'engage pour l'environnement en réduisant l'empreinte carbone de ses livres. Celle de cet exemplaire est de :
400 g éq. CO_2
Rendez-vous sur www.calmann-levy-durable.fr

N° d'éditeur : 1868698/01
N° d'imprimeur : 506176
Dépôt légal : août 2015
Imprimé en France.